あなたの心と体を守る
性の知識 3
～生命の安全教育～

つらいことが あったときに

監修
艮 香織

ポプラ社

はじめに

～この本《ほん》を手《て》にとってくださったみなさまへ

2023年《ねん》4月《がつ》から「生命（いのち）の安全教育《あんぜんきょういく》」が全国《ぜんこく》の学校《がっこう》で始《はじ》まりました。これは、だれもが性犯罪《せいはんざい》や性暴力《せいぼうりょく》の被害者《ひがいしゃ》、加害者《かがいしゃ》、傍観者《ぼうかんしゃ》にならないための学《がく》習《しゅう》です。

性暴力《せいぼうりょく》とは、次《つぎ》の権利《けんり》が守《まも》られないことです。

・わたしの体《からだ》はわたしのものである

・体《からだ》や心《こころ》、人間関係《にんげんかんけい》のことをたくさん学《まな》んで、どうするかを自分《じぶん》で選《えら》んで決《き》めることができる

これは人権《じんけん》に大《おお》きくかかわることです。でも残念《ざんねん》ながら、この世界《せかい》には人権《じんけん》が十分《じゅうぶん》に大切《たいせつ》にされているとはいえないことがまだまだたくさんあります。

そこで、人権《じんけん》を大切《たいせつ》にした社会《しゃかい》づくりのために、いろいろな大人《おとな》たちが考《かんが》え、話《はな》しあって、この本《ほん》を作《つく》りました。人権《じんけん》が大切《たいせつ》にされれば、性暴力《せいぼうりょく》の被害者《ひがいしゃ》、加《か》害者《がいしゃ》、傍観者《ぼうかんしゃ》はいなくなるでしょう。

この巻《かん》では、自分《じぶん》やまわりの人《ひと》が性暴力《せいぼうりょく》の被害《ひがい》にあってしまったとき、ぜひ

知《し》っておいてほしいことをまとめています。だれもが幸《しあわ》せに生《い》きるために、子《こ》どもも大人《おとな》も、いろいろな立場《たちば》の人《ひと》といっしょに、学《まな》びあえればと願《ねが》っています。あなたもぜひ参加《さんか》してください。

艮《うしとら》 香織《かおり》
（宇都宮大学教員《うつのみやだいがくきょういん》、性教育《せいきょういく》・人権教育《じんけんきょういく》を研究《けんきゅう》している大人《おとな》）

先生《せんせい》・保護者《ほごしゃ》の方《かた》へ

性《せい》犯罪《はんざい》・性《せい》暴力《ぼうりょく》対策《たいさく》の一環《いっかん》である「生命（いのち）の安全教育《あんぜんきょういく》」事業《じぎょう》が、2023年《ねん》4月《がつ》から本格実施《ほんかくじっし》となりました。子《こ》どもたちが性犯罪《せいはんざい》・性暴力《せいぼうりょく》の被害《ひがい》者《しゃ》、加害者《かがいしゃ》、傍観者《ぼうかんしゃ》にならないための教《きょう》育《いく》で、全国《ぜんこく》の学校《がっこう》で進《すす》められています。

この取《と》り組《く》みは、子《こ》どもたちの発達段《はったつだん》階《かい》や学校《がっこう》の状況《じょうきょう》をふまえて、各学校《かくがっこう》の判《はん》断《だん》で教育課程内外《きょういくかていないがい》の活動《かつどう》を通《とお》して実施《じっし》することができます。また、教材《きょうざい》の内容《ないよう》は各学校《かくがっこう》や地域《ちいき》の状況等《じょうきょうとう》に応《おう》じて、適宜加《てきぎか》除《じょ》や改変《かいへん》を行《おこな》った上《うえ》での使用《しよう》も可能《かのう》となっています。つまりは学校《がっこう》や地域《ちいき》の裁《さい》量《りょう》にゆだねられています。とはいえ、子《こ》どもや地域《ちいき》の現状《げんじょう》にあわせて編成《へんせい》をといいながらも、何《なに》を大切《たいせつ》にして、どのように進《すす》めたらよいか、迷《まよ》っておられる先生《せんせい》や学校《がっこう》もあるのではないかと思《おも》います。

国連《こくれん》の組織《そしき》「UN Women」による性暴《せいぼう》力《りょく》の定義《ていぎ》（2012）は、「bodily integrityとsexual autonomyの侵害《しんがい》」とされています。bodily integrityは「わたしの体《からだ》はわたしのものであるということ（誰《だれ》にも侵害《しんがい》されない：身体保全《しんたいほぜん》）」、sexual autonomyは「性《せい》に関《かん》する情報《じょうほう》を得《え》た上《うえ》で、自分《じぶん》で選《えら》び、決定《けってい》すること」という意味《いみ》であり、人権《じんけん》と切《き》り離《はな》せない用語《ようご》として成立《せいりつ》しています。そう考《かんが》えたとき、「生命（いのち）の安全教育《あんぜんきょういく》」を進《すす》めるにあたって、人権《じんけん》のしっかりとした理解《りかい》とセットで取《と》り組《く》む必要《ひつよう》があるといえます。性暴力防止《せいぼうりょくぼうし》の取《と》り組《く》みを通《とお》して、子《こ》どもの権利《けんり》を保障《ほしょう》するとはどういうことなのか、そして先生《せんせい》や保護者《ほごしゃ》などの大人《おとな》で連携《れんけい》するとはどういうことなのか、あらためて見《み》つめることになります。

そして幼児期《ようじき》から青年期《せいねんき》にかけて、性《せい》暴力《ぼうりょく》を切《き》り口《くち》とした性《せい》と人権《じんけん》の学《まな》びが積《つ》み重《かさ》ねられることによって、生涯《しょうがい》を通《つう》じた人権《じんけん》の理解《りかい》の基礎《きそ》となりうるのではないかと考《かんが》えています。子《こ》どもも大人《おとな》も、いろいろな立場《たちば》のみなさま、誰《だれ》もが幸《しあわ》せに生《い》きるためにどうすればよいかを学《まな》びあうために、この本《ほん》が活用《かつよう》されることを願《ねが》っています。

艮《うしとら》 香織《かおり》（宇都宮大学教員《うつのみやだいがくきょういん》）

3巻《かん》には、性被害《せいひがい》を思《おも》い起《お》こさせるような内容《ないよう》もあります。
ストレスや体《からだ》の不調《ふちょう》を感《かん》じたら、読《よ》むのをおひかえください。

もくじ

この本《ほん》でアドバイスしてくださる先《せん》生《せい》

いろいろな立《たち》場《ば》の方々《かたがた》から「ケーススタディ」のまんがについて解説《かいせつ》していただきました。

遠藤《えんどう》 真紀子《まきこ》さん

中学校《ちゅうがっこう》養護《ようご》教諭《きょうゆ》。保健室《ほけんしつ》で病気《びょうき》やけがの手《て》当《あ》てをするほか、生《せい》徒《と》のなやみを聞《き》いたりいっしょに考《かんが》えたりしています。

岡《おか》 恵《めぐみ》さん

「NPO《エヌピーオー》法人《ほうじん》ぱっぷす」という支《し》援団体《えんだんたい》で、おもにデジタル性暴《せいぼう》力《りょく》の被害者《ひがいしゃ》を助《たす》ける活動《かつどう》をしています。

早乙女《さおとめ》 祥子《しょうこ》さん

性暴力《せいぼうりょく》被害《ひがい》当事者《とうじしゃ》団体《だんたい》共同《きょうどう》代表《だいひょう》。被害者《ひがいしゃ》が生《い》きやすい社会《しゃかい》を目指《めざ》して活動《かつどう》しています。

杉浦《すぎうら》 恵美子《えみこ》さん

スクールカウンセラー。中学校《ちゅうがっこう》で、みんなの話《はなし》や困《こま》ったことをていねいに聞《き》いて、解決《かいけつ》に向《む》けていっしょに考《かんが》えています。

山本《やまもと》 潤《じゅん》さん

SANE《セイン》（性暴力対応看護師《せいぼうりょくたいおうかんごし》）。性《せい》被害者《ひがいしゃ》を助《たす》ける専門的《せんもんてき》な知識《ちしき》をもった看護教員《かんごきょういん》です。

性暴力《せいぼうりょく》の被害《ひがい》は あなたのせいではありません

あなたの体《からだ》のことを決《き》められるのは
あなただけです。
もしあなた以外《いがい》の人《ひと》が勝手《かって》なことをしたら
それは性暴力《せいぼうりょく》で人権《じんけん》しんがいです。
性暴力《せいぼうりょく》はすべて
相手《あいて》の権利《けんり》を守《まも》らなかった加害者《かがいしゃ》だけが悪《わる》く
被害《ひがい》を受《う》けた人《ひと》は少《すこ》しも悪《わる》くありません。
もしあなたが被害《ひがい》を受《う》けたとしても
あなたのせいではありませんし
あなたがかけがえのない大切《たいせつ》な存在《そんざい》で
あることに変《か》わりはありません。

だれにも言《い》えず、困《こま》っていませんか？ なやんでいませんか？

あなたは何《なに》かになやんでいますか？　下《した》の困《こま》りごとはみんな性暴《せいぼう》力《りょく》にかんするものですが、被害《ひがい》にあっていても、だれにも言《い》えない人《ひと》が多《おお》くいます。性暴力《せいぼうりょく》の被害者《ひがいしゃ》は、被害《ひがい》にあったことを思《おも》い出《だ》したくない、なかったことにしたい、自分《じぶん》のせいかもしれないなどと考《かんが》えて、ひとりでかかえこんでしまう人《ひと》がほとんどです。

でも、あなたは少《すこ》しも悪《わる》くないということをわすれないでください。そして、あなたには助《たす》けてくれる人《ひと》がいます。この本《ほん》が、あなたのなやみを解決《かいけつ》する手助《てだす》けになることを願《ねが》っています。

恋人《こいびと》から
友《とも》だちに会《あ》うのを
禁止《きんし》された

はだかを
見《み》せられた

服《ふく》を
ぬがされた

SNS《エスエヌエス》で
仲《なか》よくなった人《ひと》と
会《あ》ったら
知《し》らない大人《おとな》だった

下着姿《したぎすがた》の写真《しゃしん》を
送《おく》れと言《い》われた

性的《せいてき》な写真《しゃしん》や
動画《どうが》をとられた

体《からだ》を
さわられた、
さわらせられた

親密《しんみつ》な
メッセージや写真《しゃしん》を
ほかの人《ひと》に
転送《てんそう》された

相手《あいて》が
避妊《ひにん》しなかった

恋人《こいびと》から
無理《むり》やり性行為《せいこうい》
をされた

ちかん行為《こうい》
をされた

身近《みぢか》な大人《おとな》※に
性的《せいてき》なことを
された

自《じ》どりの
H《エッチ》な写真《しゃしん》を
拡散《かくさん》された

元彼《もとかれ》や元彼女《もとかのじょ》に
プライベートな
写真《しゃしん》をさらされた

※親《おや》やきょうだい、親《しん》せき、学校《がっこう》や塾《じゅく》、習《なら》いごとの先生《せんせい》やコーチ、近《きん》所《じょ》の人《ひと》など、知《し》っている大人《おとな》のこと。その立場《たちば》を利用《りよう》して加害《かがい》をするケースもあります。

知《し》っておきたい
1
大切《たいせつ》なこと

性《せい》被《ひ》害《がい》で困《こま》ったら

性暴力《せいぼうりょく》は重大《じゅうだい》な人権《じんけん》しんがいです。あなたを助《たす》けてくれる人《ひと》や仕組《しく》みがあります。

加害者《かがいしゃ》がなんと言《い》おうとあなたは少《すこ》しも悪《わる》くない

性暴力《せいぼうりょく》の加害者《かがいしゃ》は、だれにも言《い》うなと口止《くちど》めをすることがあります。悪《わる》いことをしているとわかっているからです。

またあなたは、「自分《じぶん》にも悪《わる》いところがあったのかもしれない」と思《おも》っているかもしれません。でもそれはちがいます。加害者《かがいしゃ》が、あなたに原因《げんいん》があると思《おも》いこませているだけなのです。

悪《わる》いのは加害者《かがいしゃ》です。あなたは少《すこ》しも悪《わる》くありません。何《なに》か言《い》われていたとしても心配《しんぱい》せずに、起《お》きたことをだれかに話《はな》しましょう。相談《そうだん》すれば、いろいろな人《ひと》があなたを助《たす》けてくれます。

被害《ひがい》にあったと認《みと》めることから

また一方《いっぽう》で、自分《じぶん》が受《う》けた行為《こうい》が性暴力《せいぼうりょく》だったと、すぐにわかる人《ひと》も多《おお》くはありません。でも、たとえば7ページのようなことを同意《どうい》なくされたなら、それは性暴力《せいぼうりょく》なので、ひとりでかかえこまず、だれかに力《ちから》になってもらいましょう。

「だれにも話《はな》せない」「思《おも》い出《だ》したくもない」という気持《きも》ちもあるかもしれません。でも、あなたの心《こころ》と体《からだ》を大切《たいせつ》にすることが、今《いま》いちばん必要《ひつよう》なことです。あなたはまったく悪《わる》くありません。そして、困《こま》りごとから解放《かいほう》されて幸《しあわ》せになる権利《けんり》があるのです。

相談《そうだん》することがあなたの心《こころ》と体《からだ》を守《まも》ることに

社会《しゃかい》には、性被害《せいひがい》から当事者《とうじしゃ》を守《まも》り、回復《かいふく》を支《ささ》える仕組《しく》みがあります。あなたの味方《みかた》になってくれる大人《おとな》がたくさんいるのです。

性被害《せいひがい》のことを人《ひと》に話《はな》すのは、とても勇気《ゆうき》のいることです。でも勇気《ゆうき》を出《だ》して打《う》ち明《あ》ければ、あなたにとっていい方向《ほうこう》に変《か》わっていきます。性暴力《せいぼうりょく》を終《お》わらせ、加害者《かがいしゃ》からはなれることができます。あなたの心《こころ》と体《からだ》が守《まも》られます。

電話《でんわ》やチャットなどで名前《なまえ》を言《い》わずに話《はな》せる専門《せんもん》の相談窓口《そうだんまどぐち》もあります。くわしくは、21・38ページを見《み》てください。

性《せい》被《ひ》害《がい》を人《ひと》に話《はな》せないのは、なんで？

次《つぎ》のような気持《きも》ちがあると、相談《そうだん》しづらくなりがち。でも、ひとりでかかえる必要《ひつよう》はまったくありません。

「ふたりだけの秘密《ひみつ》」って言《い》われた

▶加害者《かがいしゃ》がよく言《い》う言葉《ことば》です。ほかの人《ひと》に知《し》られると、加害者《かがいしゃ》に都合《つごう》が悪《わる》いからです。あなたは秘密《ひみつ》にせず、だれかに話《はな》しましょう。

これって性《せい》被《ひ》害《がい》なのかな？

▶「なんかヘン」「もやもやする…」、少《すこ》しでもそう感《かん》じたら、体《からだ》の権利《けんり》が守《まも》られていないサインです。相手《あいて》がちがうと言《い》ったとしても、あなたがおかしいと感《かん》じたら相談《そうだん》しましょう。

自分《じぶん》のせいかもしれない…

▶加害者《かがいしゃ》は被害者《ひがいしゃ》に原因《げんいん》があると思《おも》わせようとします。あなたの服装《ふくそう》や言動《げんどう》を理由《りゆう》におどすこともあります。けれどそれはすべてまちがいです。あなたは少《すこ》しも悪《わる》くないので、心配《しんぱい》しないでください。

友《とも》だちにばれたらはずかしい…

▶警察《けいさつ》や専門機関《せんもんきかん》などに相談《そうだん》しても、まわりにばれる心配《しんぱい》はありません。チャットを使《つか》ったSNS《エスエヌエス》相談《そうだん》などでは名前《なまえ》をつげなくても、なやみを聞《き》いてもらえます。学校《がっこう》の先生《せんせい》も気《き》をつけてくれるでしょう。安心《あんしん》して相談《そうだん》してください。

家族《かぞく》がばらばらになっちゃう？

▶家族《かぞく》が加害者《かがいしゃ》のときは、はなれてくらすことになる場合《ばあい》もあるでしょう。でもそれは、あなたのせいではありません。悪《わる》いのは加害者《かがいしゃ》なので、あなたは心配《しんぱい》しないで相《そう》談《だん》しましょう。

だれに言《い》えばいいの？

▶あなたが「話《はな》してもいいな」と思《おも》える人《ひと》（→20ページ）を探《さが》しましょう。知《し》りあいに話《はな》しづらいときには、やさしく話《はなし》を聞《き》いてくれる専門機関《せんもんきかん》もありますよ。

知《し》っておきたい

2

大切《たいせつ》なこと

こんな変化《へんか》はありませんか？

性暴力《せいぼうりょく》の被害《ひがい》にあうと、心《こころ》と体《からだ》にさまざまな影響《えいきょう》が表《あらわ》れます。

心身《しんしん》の不調《ふちょう》は体《からだ》からのSOS《エスオーエス》

あなたの気持《きも》ちを無視《むし》して、あなたの体《からだ》の権利《けんり》をうばうのが性暴力《せいぼうりょく》です。いやなことを強引《ごういん》にされたら、自分《じぶん》ではそうと感《かん》じられなくても、心《こころ》と体《からだ》はとても大《おお》きなショックを受《う》けます。この影響《えいきょう》は、長《なが》く続《つづ》く場合《ばあい》もあります。

もし、次《つぎ》のような変化《へんか》があったら、それは体《からだ》からのSOS《エスオーエス》のサインです。どんな変化《へんか》も、自然《しぜん》な反応《はんのう》で、あなたが悪《わる》いわけではありません。原因《げんいん》は、体《からだ》の権利《けんり》をうばわれたことにあります。あなたには大切《たいせつ》にされ、ケアしてもらう権利《けんり》があるのです。だれかに相談《そうだん》してください。

※心《こころ》や体《からだ》に起《お》きる反応《はんのう》や変化《へんか》の例《れい》です。すべて起《お》きるわけではありません。
変化《へんか》のようすやその時期《じき》、期間《きかん》は人《ひと》によってさまざまです。

体《からだ》の変化《へんか》

- 夜《よる》、ねつけない
- 夜中《よなか》に何度《なんど》も起《お》きる
- おしっこが近《ちか》くなる
- 朝起《あさお》きられない
- いやな夢《ゆめ》を見《み》る
- 食《た》べものがのどを通《とお》らない
- 食《た》べるのがやめられない
- かみの毛《け》がぬける
- 腹痛《ふくつう》や頭痛《ずつう》がする
- はき気《け》がする
- おなかの調子《ちょうし》が悪《わる》い
- 微熱《びねつ》が続《つづ》く
- 心臓《しんぞう》がバクバクするときがある

心《こころ》の変化《へんか》

- イライラする
- フラッシュバックが起《お》きる
- ゆううつになる
- 絶望感《ぜつぼうかん》をおぼえる
- 何《なに》をしていても楽《たの》しくない
- 何《なに》にも興味《きょうみ》がもてない
- 集中《しゅうちゅう》ができず、勉強《べんきょう》が手《て》につかない
- 被害前後《ひがいぜんご》のことが思《おも》い出《だ》せない
- 感情《かんじょう》がなくなったような感《かん》じがする
- 情緒不安定《じょうちょふあんてい》になる
- 相手《あいて》がいやだが好《す》きでもあるという矛盾《むじゅん》した状態《じょうたい》になる
- 警戒心《けいかいしん》でいっぱいになる
- ひとりになるのがこわい
- 友《とも》だちと話《はな》す気分《きぶん》になれない

フラッシュバック

加害者《かがいしゃ》と似《に》た人《ひと》を見《み》るなどのふとしたきっかけで体験《たいけん》がよみがえり、心臓《しんぞう》がバクバクしたり、つらい気持《きも》ちになったりする

行動《こうどう》の変化《へんか》

- 家族《かぞく》からはなれていようとする
- 人《ひと》と深《ふか》くつきあえない
- 相手《あいて》の機嫌《きげん》をうかがってしまう
- 外出《がいしゅつ》するのがこわい
- 自分《じぶん》をきずつけてしまう
- やりすぎなくらい活動的《かつどうてき》になる

考《かんが》え方《かた》の変化《へんか》

- 自分《じぶん》には価値《かち》がないと考《かんが》える
- 自分《じぶん》を信用《しんよう》できない
- まわりの人《ひと》はだれも信《しん》じられない
- 自分《じぶん》はひとりぼっちだと考《かんが》える
- 自分《じぶん》は幸《しあわ》せになれないと考《かんが》える
- 自分《じぶん》を責《せ》めてしまう
- 自分《じぶん》が汚《よご》れてしまったと考《かんが》える

ねむれない…起《お》きられない…

CASE STUDY

ケーススタディ

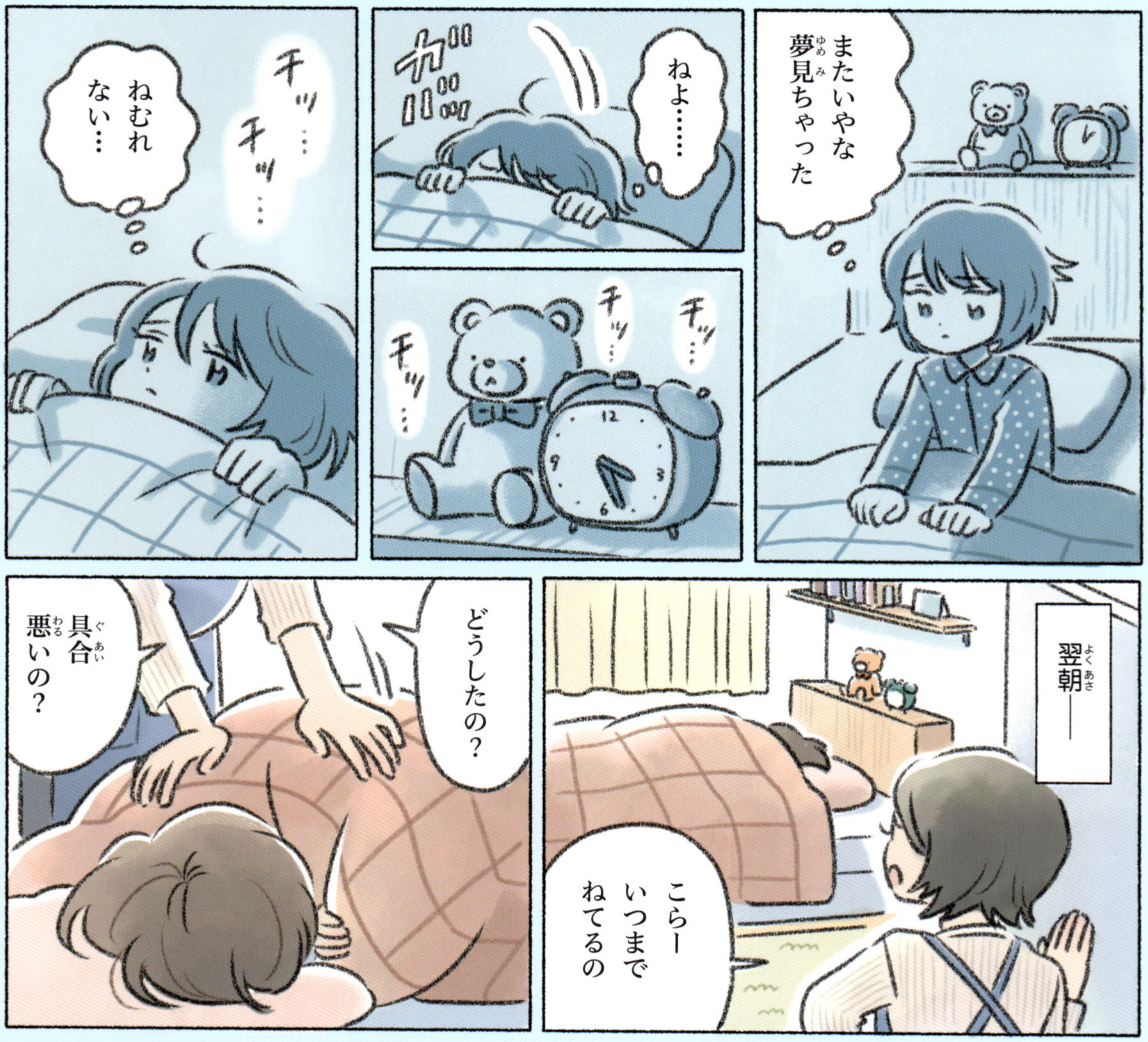

いろいろな例《れい》をまんがで見《み》てみましょう。
こんなとき、どうしたらいいでしょうか。

SANE《セイン》
（性暴力対応看護師《せいぼうりょくたいおうかんごし》）の
山本《やまもと》 潤《じゅん》さんから

無理《むり》をせず、あなたの気持《きも》ちを大切《たいせつ》に

ねむれないときや、起《お》きるのがつらいと感《かん》じるときは、無理《むり》にねようとしたり、がんばって起《お》きようとしなくて大丈夫《だいじょうぶ》です。心《こころ》や体《からだ》がつらいときは、安心《あんしん》できる場所《ばしょ》でゆっくり過《す》ごして、つらいことや不安《ふあん》なことを専門家《せんもんか》に話《はな》してみましょう。おうちの人《ひと》にも理解《りかい》してもらえるよう、やさしくサポートしてくれるから安心《あんしん》してくださいね。あなたの気持《きも》ちを大切《たいせつ》にして、無理《むり》せず、少《すこ》しずつ元気《げんき》を取《と》りもどしていきましょう。

心《こころ》が動《うご》かないとき

心身《しんしん》の変化《へんか》のポイント

- 大《おお》きなショックを受《う》けると、心《こころ》と体《からだ》に影響《えいきょう》が表《あらわ》れるのはごく当《あ》たり前《まえ》のこと
- 心《こころ》や体《からだ》に起《お》きる変化《へんか》は人《ひと》それぞれ
- 無理《むり》をせず、自分《じぶん》の心《こころ》や体《からだ》を大切《たいせつ》に。そして、だれかに話《はな》して

被害者《ひがいしゃ》団体《だんたい》代表《だいひょう》の早乙女《さおとめ》さんから

心《こころ》が動《うご》かないときこそ それをだれかに話《はな》して

何《なに》も感《かん》じたくない、やる気《き》も起《お》きない。そんなふうに心《こころ》が動《うご》かなくなってしまうのも、よく起《お》きる反応《はんのう》のひとつです。そんなときこそ、だれかに話《はな》してみませんか。

回復《かいふく》のために自分《じぶん》でできること

性暴力《せいぼうりょく》を受《う》けて心《こころ》や体《からだ》にいろいろな反応《はんのう》が表《あらわ》れるのはごく当《あ》たり前《まえ》のことです。あなただけが特別《とくべつ》なわけではありません。

そんなときには、決《けっ》して無理《むり》をしないでください。まずは、心《こころ》と体《からだ》をしっかり休《やす》めましょう。無理《むり》に勉強《べんきょう》したり、学校《がっこう》に行《い》ったりしなくて大丈夫《だいじょうぶ》です。

起《お》きられなければねていても大《だい》丈夫《じょうぶ》です。ごはんを食《た》べたりおふろに入《はい》ったり、できるところから日常生活《にちじょうせいかつ》を取《と》りもどしてみましょう。また、リラックスできるように、好《す》きな音楽《おんがく》を聴《き》いたり、好《す》きなにおいをかいだり、体《からだ》を動《うご》かしたりしてみるのもいいでしょう。

温《あたた》かい飲《の》みものを飲《の》む
深呼吸《しんこきゅう》をする
おふろにゆっくりつかる
軽《かる》い運動《うんどう》をする
ストレッチをする
安心《あんしん》できる場所《ばしょ》で過《す》ごす
ごはんを食《た》べる
体《からだ》をしっかり休《やす》める
好《す》きなものを食《た》べる
好《す》きなにおいをかぐ

心《こころ》がほっとする
絵《え》や写真《しゃしん》を見《み》る

お気《き》に入《い》りの音楽《おんがく》
（気分《きぶん》を明《あか》るくして
くれるもの！）
を聴《き》く

自分《じぶん》のペースで
いいので
信頼《しんらい》できる人《ひと》に
話《はな》す

泣《な》きたい気持《きも》ちなら
がまんせずに泣《な》く

お笑《わら》いを見《み》て
思《おも》いっきり笑《わら》う

ペットや
ぬいぐるみを
だきしめる

ぬり絵《え》や
手芸《しゅげい》などで
手《て》を動《うご》かす

体《からだ》の力《ちから》をぬいて
全身《ぜんしん》をリラックス

学校《がっこう》に行《い》き
にくかったら
無理《むり》をせず休《やす》む

勉強《べんきょう》に
集中《しゅうちゅう》できなくても
あせらず、今《いま》は
無理《むり》をしない

自分《じぶん》に声《こえ》をかける。
「きょうもおつかれさま。
がんばったね」

ごほうびのケア
（ネイルや
ヘアトリートメント）
をする

知《し》っておきたい
3
大切《たいせつ》なこと

男性《だんせい》の被害《ひがい》も少《すく》なくありません

性被害《せいひがい》に性別《せいべつ》は関係《かんけい》ありません。男子《だんし》もヘンだ、いやだと感《かん》じたら、すぐに相談《そうだん》しましょう。

立場《たちば》が上《うえ》の男性《だんせい》などが男子《だんし》に性暴力《せいぼうりょく》を行《おこな》う

性暴力《せいぼうりょく》は男性《だんせい》が女性《じょせい》に行《おこな》うイメージがあるかもしれませんが、男性《だんせい》が男性《だんせい》に、女性《じょせい》が男性《だんせい》に行《おこな》うこともめずらしくありません。

特《とく》に、立場《たちば》が上《うえ》の男性《だんせい》が、年下《としした》の男子《だんし》に性被害《せいひがい》をあたえる事件《じけん》が多《おお》く起《お》きています。加害者《かがいしゃ》は、先生《せんせい》、部活《ぶかつ》のコーチや先《せん》ぱい、習《なら》いごとの指導者《しどうしゃ》、親《しん》せきなどで、少《すこ》しずつ距離《きょり》をちぢめて、相手《あいて》を安《あん》心《しん》させてから性的《せいてき》な加害《かがい》を行《おこな》う「性的《せいてき》グルーミング」という手口《てぐち》です。

立場《たちば》を利用《りよう》し、断《ことわ》れないようにしたうえで、同意《どうい》のない性行為《せいこうい》を行《おこな》います。身《み》近《ちか》な人《ひと》だからこそ余計《よけい》に逃《に》げることができず、被害者《ひがいしゃ》は何度《なんど》もつらい思《おも》いをしてしまいます。

このような被害《ひがい》を受《う》けると「自分《じぶん》に何《なに》か原因《げんいん》があったのかもしれない…」と考《かんが》えてしまうかもしれません。しかし、悪《わる》いのはまちがいなく相手《あいて》で、被害者《ひがいしゃ》であるあなたは何《なに》も悪《わる》くありません。

送《おく》った写真《しゃしん》でおどされるセクストーション

「セクストーション」というインターネットでの被害《ひがい》が増《ふ》えています。「性的《せいてき》（セックス）」と「脅迫《きょうはく》、ゆすり（エクストーション）」を合《あ》わせた言葉《ことば》で、「性的脅迫《せいてききょうはく》」と訳《やく》されます。

これはよく若《わか》い男性《だんせい》がねらわれます。SNS《エスエヌエス》で女性《じょせい》として近《ちか》づいてきた相手《あいて》から「はだかの写真《しゃしん》を交換《こうかん》しよう」と、女《じょ》性《せい》のはだかの写真《しゃしん》が送《おく》られてきます。油《ゆ》断《だん》して自分《じぶん》のプライベートパーツの写真《しゃしん》を送《おく》ってしまうと「写真《しゃしん》をばらまかれたくなければ3万円《まんえん》を払《はら》え」などとおどしてきます。一度《いちど》したがうとお金《かね》の要求《ようきゅう》は何度《なんど》も続《つづ》きます。

セクストーションは被害《ひがい》にあっても「自分《じぶん》が写真《しゃしん》を送《おく》ったから…」と後《うし》ろめたさを感《かん》じてしまい相談《そうだん》しにくいでしょう。けれど、相手《あいて》はだますためにわなをかけた犯罪者《はんざいしゃ》で、あなたは被害者《ひがいしゃ》です。あなたは悪《わる》くありません。すぐに相談《そうだん》してください（→39ページ）。

男性《だんせい》の性被害《せいひがい》とは?

被害《ひがい》を受《う》けた人《ひと》でも被害《ひがい》に気《き》づかなかったり、男子《だんし》だから…と
なかったことにされてしまったりするのが、男性《だんせい》の性被害《せいひがい》の特徴《とくちょう》です。

被害《ひがい》がからかいに見《み》えてしまう

性的《せいてき》なことをじょうだんにする文化《ぶんか》が根強《ねづよ》い学校《がっこう》や部活《ぶかつ》などでの性被害《せいひがい》は、見《み》のがされがちです。昔《むかし》はからかいとされてきたかんちょうやズボンおろしも性的《せいてき》な暴力《ぼうりょく》です。

たとえば…

- 性的《せいてき》な言葉《ことば》を言《い》わせる
- ズボンをおろす、おろさせる
- 性器《せいき》を出《だ》させる
- 性器《せいき》をさわる、さわらせる
- 人前《ひとまえ》で自慰行為《じいこうい》を強要《きょうよう》する

増《ふ》えているデジタル性被害《せいひがい》

元交際相手《もとこうさいあいて》から別《わか》れたあとに性的《せいてき》な写真《しゃしん》や動画《どうが》を拡散《かくさん》されたり、SNS《エスエヌエス》などを通《つう》じて他人《たにん》に性的《せいてき》な写真《しゃしん》をとられ、それをもとに脅迫《きょうはく》されたりする被害《ひがい》です。

たとえば…

- 性的《せいてき》な写真《しゃしん》をもとにおどす（セクストーション）
- 性的《せいてき》な写真《しゃしん》や動画《どうが》を拡散《かくさん》する

性的《せいてき》グルーミング

先生《せんせい》や指導者《しどうしゃ》などが立場《たちば》を利用《りよう》して行《おこな》う性加害《せいかがい》。「言《い》うことを聞《き》かなくては」と思《おも》わされたり、人《ひと》に言《い》いにくい状況《じょうきょう》に追《お》いこまれてしまうことも。

体《からだ》の反応《はんのう》だけでは同意《どうい》にはならない

性的《せいてき》なしげきによって身体的《しんたいてき》な反応《はんのう》（勃起《ぼっき》や射精《しゃせい》）が起《お》きるのは自然《しぜん》なことです。体《からだ》だけの反応《はんのう》＝同意《どうい》ではありません。同意《どうい》のない性行為《せいこうい》は性暴力《せいぼうりょく》です。

男性《だんせい》の被害《ひがい》を見《み》えにくくする　こんな思《おも》いこみはやめて!

ふざけた
だけでしょ

男性《だんせい》が被害《ひがい》に
あうはずがない

女性《じょせい》からなら
ラッキーだ

男性《だんせい》なら
抵抗《ていこう》できて
当《あ》たり前《まえ》

みんな
まちがいです!

体《からだ》が反応《はんのう》してるのは
よろこんでいるしょうこだ

知《し》っておきたい 4 大切《たいせつ》なこと

ひとりでかかえず相談《そうだん》しましょう

困《こま》ったこと、つらいことがあるときは、だれかに話《はな》すことが回復《かいふく》への第一歩《だいいっぽ》になります。

信頼《しんらい》できる相談相手《そうだんあいて》を探《さが》してみよう

あなたが相談《そうだん》できる人《ひと》はたくさんいます。助《たす》けてくれる機関《きかん》も必《かなら》ずあります。まずは安心《あんしん》して話《はな》せる、信頼《しんらい》できる人《ひと》を探《さが》してみましょう。

たとえば次《つぎ》のような人《ひと》です。

- ・あなたの話《はなし》をよく聞《き》いてくれる人《ひと》
- ・あなたの気持《きも》ちや話《はなし》を否定《ひてい》しない人《ひと》
- ・自分《じぶん》の意見《いけん》をおしつけない人《ひと》

そんな、あなたに寄《よ》りそってくれる人《ひと》は身近《みぢか》にいるでしょうか。

おうちの人《ひと》、学校《がっこう》の先生《せんせい》、スクールカウンセラー、友《とも》だち、親《しん》せきの人《ひと》などはどうでしょうか。

被害者専門《ひがいしゃせんもん》の相談機関《そうだんきかん》も助《たす》けてくれる

身近《みぢか》に安心《あんしん》して話《はな》せる人《ひと》がいないときには、専門《せんもん》の相談機関《そうだんきかん》に相談《そうだん》する方法《ほうほう》もあります。電話《でんわ》やSNS《エスエヌエス》でやりとりすることができるので、相談《そうだん》しやすいかもしれません。名前《なまえ》を言《い》わなくても大丈夫《だいじょうぶ》なところもあります。相談窓口《そうだんまどぐち》については、21・38ページで紹介《しょうかい》しています。

どんななやみも、だれかに話《はな》すだけで気持《きも》ちが楽《らく》になります。ひとりではどうすることもできなかった苦《くる》しいことも、いっしょに考《かんが》えてもらえば、いい解決策《かいけつさく》が見《み》つかるでしょう。勇気《ゆうき》をふりしぼって、どうか一歩《いっぽ》ふみ出《だ》してみてください。

家族《かぞく》から被害《ひがい》を受《う》けているときには

親《おや》やきょうだいなど、家族《かぞく》から被害《ひがい》を受《う》けている人《ひと》も多《おお》くいます。その場合《ばあい》は、家族《かぞく》には相談《そうだん》しにくいかもしれません。そして勇気《ゆうき》を出《だ》して話《はなし》をしても、「そんなことがあるわけない」と、信《しん》じてもらえないこともあるかもしれません（それはあなたのせいではありません！）。

そんなときは、学校《がっこう》の先生《せんせい》や、専門機関《せんもんきかん》に話《はな》してみましょう。家族《かぞく》を裏切《うらぎ》っているような気持《きも》ちになるかもしれませんが、それはちがいます。たとえ家族《かぞく》でも加害者《かがいしゃ》が悪《わる》いのです。そして、あなたには守《まも》られる権利《けんり》があるのです。

相《そう》談《だん》したら助《たす》けてもらえます

相談《そうだん》すれば、あなたは安全《あんぜん》に過《す》ごせるようになります。
被害者《ひがいしゃ》ケアの専門《せんもん》の人《ひと》たちが、やさしく助《たす》けてくれます。

1 だれかに話《はな》しましょう

安心《あんしん》して話《はな》せる人《ひと》に打《う》ち明《あ》けてみましょう。友《とも》だちでもいいですし、もし話《はな》せるなら信頼《しんらい》できる大人《おとな》に相談《そうだん》するといいですね（→20ページ）。友《とも》だちからなやみを相談《そうだん》された場合《ばあい》も、信頼《しんらい》できる大人《おとな》に話《はな》してください。

2 話《はなし》を聞《き》いた人《ひと》が必要《ひつよう》な助《たす》けにつなげてくれます

相談《そうだん》された大人《おとな》は、どんな方法《ほうほう》があるかを調《しら》べ、あなたがどうしたいか、どうするのがいいか、いっしょに考《かんが》えてくれます。もし必要《ひつよう》があれば、警察《けいさつ》や病院《びょういん》にもつきそってくれます。

3 保護《ほご》され、支援《しえん》してもらうこともできます

必要《ひつよう》があれば、専門機関《せんもんきかん》などで、あなたを保護《ほご》してもらったり、心《こころ》や体《からだ》のケアをしてもらうこともできます。そして、あなたがいやな目《め》にあわないように、さまざまなサポートをしてもらえます。

知《し》っておきたい

5

大《たい》切《せつ》なこと

「この人《ひと》なら話《はな》せそう」と思《おも》ったら…

打《う》ち明《あ》けられそうな人《ひと》が見《み》つかったら、あなたのタイミングでかまいません。話《はな》してみてください。

勇《ゆう》気《き》をふりしぼって一《いっ》歩《ぽ》ふみ出《だ》してみよう

だれかになやみを打《う》ち明《あ》けることが大《おお》きな一《いっ》歩《ぽ》になります。おそれず話《はな》してみてください。その一《いっ》歩《ぽ》をふみ出《だ》せたら、あとは相《そう》談《だん》相《あい》手《て》にまかせてみましょう。もし相《あい》手《て》に信《しん》じてもらえなかったり、期《き》待《たい》した共《きょう》感《かん》が得《え》られなかったりしても、どうかあきらめず別《べつ》の人《ひと》を探《さが》してください。残《ざん》念《ねん》ながら、被《ひ》害《がい》を受《う》けた人《ひと》にどう応《おう》じたらいいのかわからない人《ひと》も少《すく》なくないからです。

また、専《せん》門《もん》の相《そう》談《だん》機《き》関《かん》も利《り》用《よう》できます。被《ひ》害《がい》を受《う》けた本《ほん》人《にん》でもまわりの人《ひと》でも、支《し》援《えん》員《いん》がやさしく相《そう》談《だん》にのってくれます。

だれでもいいよ　打《う》ち明《あ》けられそうな人《ひと》はいますか？

だれかに話《はな》すのはとても勇《ゆう》気《き》がいることです。
あなたが話《はな》せそうだと思《おも》う人《ひと》に話《はな》しましょう。※

☐ **おうちの人《ひと》**（お母《かあ》さん、お父《とう》さんなど）

おうちの人《ひと》が悲《かな》しむのではと思《おも》うかもしれません。でも、本《ほん》来《らい》、おうちの人《ひと》はあなたの幸《しあわ》せを願《ねが》っているはず。話《はな》しやすい人《ひと》に伝《つた》えて。

☐ **学《がっ》校《こう》の人《ひと》**

担《たん》任《にん》の先《せん》生《せい》や養《よう》護《ご》教《きょう》諭《ゆ》、スクールカウンセラー、スクールソーシャルワーカーなど話《はな》しやすい人《ひと》で大《だい》丈《じょう》夫《ぶ》です。

☐ **友《とも》だち**

大《おと》人《な》に話《はな》しにくいときは友《とも》だちに。もし友《とも》だちが「大《おと》人《な》に話《はな》すよ」と言《い》ったら、だれになら話《はな》してもいいか伝《つた》えてあげてください。

☐ **まわりの大《おと》人《な》**

親《しん》せき（おばさん、おじさんなど）や友《とも》だちの親《おや》などはどうですか。あなたの力《ちから》になってくれる人《ひと》は必《かなら》ずいます。

※ただし、SNS《エスエヌエス》で知《し》りあった人《ひと》には注《ちゅう》意《い》が必《ひつ》要《よう》です。弱《よわ》みにつけこんであなたを危《き》険《けん》にさらすような場《ば》合《あい》もあります。

こんな相談窓口《そうだんまどぐち》もあります

性被害《せいひがい》などの相談《そうだん》を受《う》けている窓口《まどぐち》は
たくさんあります。下《した》はその一例《いちれい》です。

性被害《せいひがい》で困《こま》ったらまず…

電話相談《でんわそうだん》（ワンストップ支援《しえん》センター）

性被害《せいひがい》にあって、だれにも言《い》えない、どうしたらいいのかわからない、そんなときに味方《みかた》になってくれる窓口《まどぐち》があります。なかでもワンストップ支《し》援《えん》センターは、１か所《しょ》に電話《でんわ》をかければ相談者《そうだんしゃ》の状況《じょうきょう》に応《おう》じて、病院《びょういん》、警察《けいさつ》、弁護士《べんごし》などと連携《れんけい》し、必要《ひつよう》な支援《しえん》をしてくれます。全都道府県《ぜんとどうふけん》に設置《せっち》されていて「#8891」にかけると、最寄《もよ》りの支援《しえん》センターにつながります（通話料無料《つうわりょうむりょう》）。

- 性犯罪《せいはんざい》・性暴力被害者《せいぼうりょくひがいしゃ》のためのワンストップ支援《しえん》センター →38ページ

●ワンストップ支援《しえん》センターの支援《しえん》の流《なが》れ

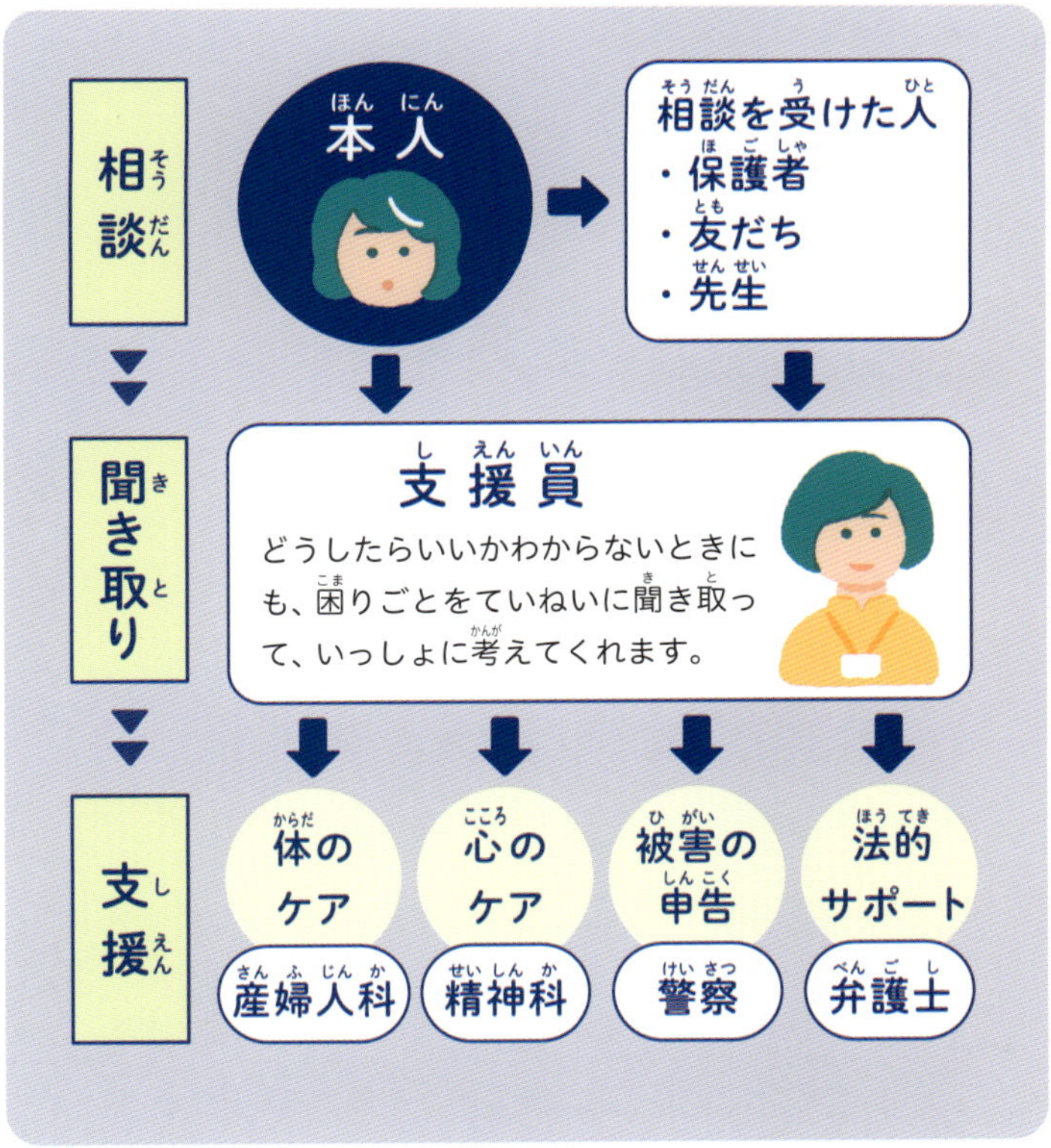

相談《そうだん》しやすい

SNS《エスエヌエス》相談《そうだん》

「LINE《ライン》」などのチャットアプリを使《つか》ってやりとりできるSNS《エスエヌエス》相談《そうだん》の窓口《まどぐち》があります。電話《でんわ》が苦手《にがて》な人《ひと》でも気軽《きがる》に相談《そうだん》でき、すぐに相《そう》談員《だんいん》が答《こた》えてくれます。

- Curetime《キュアタイム》 →38ページ

危険《きけん》を感《かん》じたら

警察《けいさつ》

ちかんにあったときや、身《み》の危《き》険《けん》を感《かん》じたときは、迷《まよ》わず警察《けいさつ》にかけましょう。また、性被害《せいひがい》を受《う》けて加害者《かがいしゃ》をしょばつしてほしいときは、警察《けいさつ》に申告《しんこく》できます。

- 110番《ばん》 →38ページ
- 性犯罪被害相談電話《せいはんざいひがいそうだんでんわ》 →38ページ

家族《かぞく》からの被害《ひがい》

児童相談所《じどうそうだんじょ》

18歳未満《さいみまん》の子《こ》どもにかんするさまざまな問題《もんだい》について、子《こ》ども本人《ほんにん》などからの相談《そうだん》に応《おう》じて支援《しえん》してくれます。家族《かぞく》から性被害《せいひがい》を受《う》けているときにはここへ。

- 児童相談所相談専用《じどうそうだんじょそうだんせんよう》ダイヤル →39ページ

ケーススタディ

いろいろな例をまんがで見てみましょう。
こんなとき、どうしたらいいでしょうか。

あきらめないで相談しよう

こんなことがあって…
いやだったのにいきなりで…

あんなところに行ったせいじゃない？

逆にラッキーじゃん

まぁちょっともやもやするんですけど
ぼくも悪いんですよね…
……

君は悪くない それは性暴力っていうんだよ

初めて気持ちをわかってもらえた

SANE（性暴力対応看護師）の
山本 潤さんから

あなたの言葉を信じてくれる人はいる

相談したときに、「あなたが悪い」と責めたり、「早くわすれなさい」と言ったりする人がいます。でも、それはまちがった対応です。あなたに必要なのは、あなたの気持ちをしっかりと聴いてくれる人とつながり、そして適切なサポートを受けることです。性暴力の被害はひとりで解決できる問題ではありません。専門のサポート機関や理解してくれる人とつながって、いっしょに取り組んでいきましょう。

勇気《ゆうき》を出《だ》せば

養護教諭《ようごきょうゆ》の 遠藤先生《えんどうせんせい》から

心《こころ》のにもつをいっしょにもってもらおう

おうちの人《ひと》や先生《せんせい》には話《はな》しにくくても、友《とも》だちになら…というときは、少《すこ》しだけ心《こころ》の扉《とびら》を開《ひら》いて話《はな》してみませんか。気《き》になるようすのあなたを心配《しんぱい》して、力《ちから》になりたいと思《おも》っている友《とも》だちもいるはずです。

スクールカウンセラーの 杉浦先生《すぎうらせんせい》から

学校《がっこう》にも相談《そうだん》できる人《ひと》がいる

学校《がっこう》の先生《せんせい》のなかでも、養護教諭《ようごきょうゆ》やスクールカウンセラー、スクールソーシャルワーカーは、性被害《せいひがい》もふくめて、日《ひ》ごろから性《せい》に関《かん》する相談《そうだん》にものっているので、あなたにていねいに寄《よ》りそって、話《はなし》を聴《き》いてくれますよ。

だれに話《はな》せば…

専門家《せんもんか》はあなたの力《ちから》になってくれる

被害者支援団体《ひがいしゃしえんだんたい》の岡《おか》さんから

デジタル性被害《せいひがい》は専門家《せんもんか》の手《て》をかりて

SNS《エスエヌエス》やネット上《じょう》で仲《なか》よくなった相手《あいて》に自分《じぶん》の性的《せいてき》な写真《しゃしん》を送《おく》ってしまい、それをきっかけにお金《かね》を要求《ようきゅう》される「セクストーション」というデジタル性被害《せいひがい》が増《ふ》えています（→16ページ）。要求《ようきゅう》にしたがえば穏便《おんびん》にすませられるかも…というのは相手《あいて》のわな！　要求《ようきゅう》はエスカレートしていきます。だからひとりでかかえこまないで、すぐ専門機関《せんもんきかん》に相談《そうだん》してくださいね。

SANE《セイン》（性暴力対応看護師《せいぼうりょくたいおうかんごし》）の山本《やまもと》 潤《じゅん》さんから

すぐに必要《ひつよう》な支援《しえん》が受《う》けられるワンストップ相談《そうだん》

「いやだったのに、体《からだ》をさわられた」「同意《どうい》のないセックスをされた」「はだかの写真《しゃしん》をとられた」など、望《のぞ》まない性的《せいてき》な行為《こうい》をされたなら、「#8891」に電話《でんわ》しましょう。あなたの話《はなし》をていねいに聞《き》いて、どんなケアが必要《ひつよう》なのか、これからどうすればいいのかをいっしょに考《かんが》えてくれます。病院《びょういん》にもいっしょに行《い》ってくれますよ。また、性被害《せいひがい》を受《う》けると数《すう》か月《げつ》や数年《すうねん》たってからフラッシュバック（→11ページ）が起《お》きることもあります※。被害《ひがい》から時間《じかん》がたっている場合《ばあい》でも、相談《そうだん》にのってもらうことができます。

※「PTSD《ピーティーエスディー》（心的外傷後《しんてきがいしょうご》ストレス障害《しょうがい》）」といわれるもので、心《こころ》がたえられないほどのショックやきょうふ、性暴力《せいぼうりょく》などの経験《けいけん》をしたのちに起《お》きることがあります。まずは専門機関《せんもんきかん》の窓口《まどぐち》に相談《そうだん》しましょう。

性被害《せいひがい》の相談《そうだん》のポイント

- あなたが「話《はな》せそう」と思《おも》える人《ひと》に打《う》ち明《あ》ける
- あなたの話《はなし》に共感《きょうかん》し、力《ちから》になってくれる人《ひと》は必《かなら》ずいる
- 親身《しんみ》に相談《そうだん》にのってくれる専門《せんもん》の相談機関《そうだんきかん》もある。迷《まよ》ったらまず「#8891」へ

時《とき》がたっても

MESSAGE

サバイバーからのメッセージ

性暴力《せいぼうりょく》の被害《ひがい》を生《い》きぬいた人《ひと》を「サバイバー」とよびます。ふたりのサバイバーの声《こえ》を聴《き》きましょう。

●サバイバーの女性《じょせい》　渡辺由希《わたなべゆき》さん

「あなたは悪《わる》くないよ」のひと言《こと》に救《すく》われた

わたしはかつてつきあっていた彼《かれ》からデートDV《ディーブイ》の被害《ひがい》を受《う》けていました。

中学《ちゅうがく》3年《ねん》の秋《あき》、つきあうことになったその日《ひ》、「今《いま》すぐそういうふうなことはしないよ」と言《い》ったにもかかわらずもみあいになり、同意《どうい》のないまま性行為《せいこうい》をされました。

それから1年《ねん》ほどつきあいました。その間《あいだ》は性暴力《せいぼうりょく》を受《う》けているという認識《にんしき》はなくて、彼《かれ》があまり家庭環境《かていかんきょう》にめぐまれていなかったこともあって「わたしがそばにいなくちゃ」とがんばってしまったんです。でも結局《けっきょく》、そうした行為《こうい》ばかり求《もと》められる関係《かんけい》で、心《こころ》がとじ自分《じぶん》がモノになったみたいでした。自分自身《じぶんじしん》もまわりに相談《そうだん》するどころか、強《つよ》がって武勇伝《ぶゆうでん》みたいに話《はな》したり…。大人《おとな》向《む》けのまんがで見《み》るレイプのような経験《けいけん》ではないから「被害者《ひがいしゃ》ぶっちゃいけない」と思《おも》いこんでいたんです。

自分《じぶん》がされていたことは性暴力《せいぼうりょく》だった、と自覚《じかく》できたのは高校《こうこう》3年《ねん》のときでした。いつもは遊《あそ》ばない子《こ》とたまたま話《はな》したときに「本当《ほんとう》はいやだったんだ」とぽろっと言葉《ことば》にしたら、「つらかったね、あなたは悪《わる》くないよ」と返《かえ》してくれて。信《しん》じてもらえたことで、何年《なんねん》もの間《あいだ》ふたをして見《み》ないようにしてきた気持《きも》ちを認《みと》められたんです。大《おお》きな転機《てんき》でした。

後遺症《こういしょう》のようなものはありましたが、地域《ちいき》でフラワーデモ※の呼《よ》びかけをするなど、自分《じぶん》の経験《けいけん》や気持《きも》ちを言葉《ことば》にしながら「あなたを信《しん》じるよ」という声《こえ》をあげています。

※毎月《まいつき》11日《にち》、花《はな》を手《て》に集《あつ》まって声《こえ》をあげる、性暴力《せいぼうりょく》をなくすための運動《うんどう》。

●サバイバーの男性《だんせい》　M《エム》さん

1秒《びょう》でも早《はや》く理解《りかい》ある人《ひと》につながって

　小学校中学年《しょうがっこうちゅうがくねん》のときに、年上《としうえ》の身《み》近《ちか》な女《おんな》の子《こ》から複数回《ふくすうかい》の性暴力《せいぼうりょく》を受《う》けたのがわたしの経験《けいけん》です。そのときは性的《せいてき》な知識《ちしき》もないので、わけもわからずきょうふで固《かた》まるばかり。相手《あいて》から「あなたが悪《わる》い」「だれにも言《い》うな」と言《い》われたせいで、このことを自分《じぶん》のなかだけにしまいこんでしまいました。

　その後《ご》、原因《げんいん》がわからないまま睡《すい》眠障害《みんしょうがい》などの心身《しんしん》の不調《ふちょう》になやまされ、中学《ちゅうがく》では不登校《ふとうこう》に…。こわい思《おも》いをした経験《けいけん》をだれにも言《い》えず、性《せい》被害《ひがい》とも認識《にんしき》できず、苦《くる》しさをかかえたまま大人《おとな》になりました。子《こ》どものころの経験《けいけん》を「あれは性被害《せいひがい》だったんだ」とやっと認《みと》められたときには、20代後半《だいこうはん》になっていました。

　回復《かいふく》のきっかけとして大《おお》きな力《ちから》になったのは、性被害《せいひがい》を受《う》けた人《ひと》たちが経験《けいけん》をわかちあう自助《じじょ》グループとの出会《であ》いです。長《なが》い時間《じかん》がかかりましたが、今《いま》ではつらいときの対処法《たいしょほう》も身《み》につけることができました。

　ひとりでかかえこむ期間《きかん》が長《なが》ければ長《なが》いほど、自分《じぶん》をはじたり、責《せ》めたりする感覚《かんかく》が心《こころ》のなかで固《かた》まって、それを否定《ひてい》するのがむずかしくなってしまいます。なので、被害《ひがい》にあってしまったら、できるだけ早《はや》くまわりの人《ひと》とつながってほしいと思《おも》います。「悪《わる》くないんだ」と人《ひと》からも自《じ》分《ぶん》でも認《みと》められることが何《なに》より大切《たいせつ》ですから。

　しかしながら今《いま》はまだ多《おお》くの人《ひと》が、性暴力《せいぼうりょく》や性被害《せいひがい》について理解不足《りかいぶそく》だったり、SNS《エスエヌエス》やメディアでも二次《にじ》被害《ひがい》（↓28ページ）につながる発信《はっしん》が多《おお》いので、そうした社会自体《しゃかいじたい》を変《か》えていかなければいけませんね。

　今《いま》、わたしは性被害《せいひがい》などさまざまな心《こころ》の傷《きず》の影響《えいきょう》で困《こま》っている方々《かたがた》の支援《しえん》をするソーシャルワーカーとして働《はたら》きつつ、加害者《かがいしゃ》をしょばつする法律《ほうりつ》や被害者《ひがいしゃ》を支《ささ》える制度《せいど》をよりよくするための活動《かつどう》もしています。

まわりの人《ひと》へ

もし友《とも》だちに打《う》ち明《あ》けられたら

友《とも》だちが性被害《せいひがい》にあったことを知《し》ったら…あなたにもできることがあります。

被害《ひがい》にあった友《とも》だちは決《けっ》して悪《わる》くない

性暴力《せいぼうりょく》の被害《ひがい》をだれにも言《い》えず、ひとりでかかえこんでしまう人《ひと》はとても多《おお》いです。もしも友《とも》だちから打《う》ち明《あ》けられたとしたら、その友《とも》だちはせいいっぱいの勇気《ゆうき》をふりしぼって、あなたに相談《そうだん》しています。

びっくりして、困《こま》ってしまうかもしれませんが、決《けっ》して友《とも》だちを責《せ》めるようなことは言《い》わないでください。そして「あなたを信《しん》じるよ」と伝《つた》えましょう。被害《ひがい》を受《う》けて自分《じぶん》を責《せ》めてしまう人《ひと》も多《おお》いので、そのひと言《こと》でほっとできるはずです。さらに、友《とも》だちの話《はなし》を静《しず》かに聴《き》いてあげられるといいですね。

性暴力《せいぼうりょく》は重大《じゅうだい》な人権《じんけん》しんがいなので、被害《ひがい》からの回復《かいふく》は、そうかんたんではありません。ぜひあなたからだれか大人《おとな》に相談《そうだん》しましょう（→20ページ）。そのときは「自分《じぶん》だけでは助《たす》けられない。だれになら話《はな》してもいいかな？」と友《とも》だちにたずねてください。

正《ただ》しい知識《ちしき》をもって友《とも》だちを守《まも》ろう

性暴力《せいぼうりょく》で責任《せきにん》があるのは100％加害者《かがいしゃ》です。どんなケースでも被害《ひがい》を受《う》けた人《ひと》を責《せ》めるべきではありません。しかしながら、周囲《しゅうい》の心《こころ》ない言葉《ことば》やふるまいで、被害者《ひがいしゃ》がさらにきずついてしまうことがあります。それを「二次被害《にじひがい》」といいます。

自分《じぶん》のつらさをわかってくれると思《おも》った家族《かぞく》や友《とも》だち、被害《ひがい》をうったえた警察《けいさつ》等《とう》の専門機関《せんもんきかん》の人《ひと》などから二次被害《にじひがい》を受《う》けたらどう思《おも》いますか？

被害者《ひがいしゃ》を二次被害《にじひがい》から守《まも》るため、性暴《せいぼう》力《りょく》や性被害《せいひがい》に対《たい》する正《ただ》しい知識《ちしき》を、ひとりでも多《おお》くの人《ひと》と共有《きょうゆう》していきましょう。

なくそう！ 二次被害《にじひがい》

親《した》しい友《とも》だちや身近《みぢか》な人《ひと》からの二次被害《にじひがい》は、性被害《せいひがい》にあった人《ひと》の心《こころ》を深《ふか》くきずつけます。正《ただ》しい知識《ちしき》をもって二次被害《にじひがい》をなくしましょう！

＼二次被害《にじひがい》につながる／

× まちがった認識《にんしき》

＼二次被害《にじひがい》を防《ふせ》ぐ／

○ ただしい知識《ちしき》

×

「いやと言《い》えばよかったのに」

性被害《せいひがい》に対《たい》してよくあるまちがった認識《にんしき》で、被害《ひがい》にあった人《ひと》をさらにきずつける言葉《ことば》です。

→

○

こわくて抵抗《ていこう》できない！

きょうふで抵抗《ていこう》するのがむずかしかったり、断《ことわ》りにくい状況《じょうきょう》に置《お》かれたりします。

×

「たいしたことないよ」

性暴力《せいぼうりょく》の被害《ひがい》を小《ち》さいこととする、自分《じぶん》の考《かんが》えをおしつけてしまう言葉《ことば》です。

→

○

性暴力《せいぼうりょく》は大変《たいへん》なこと

本人《ほんにん》にとってはこわかったり、いやだったり、とてもつらい思《おも》いをしています。

×

「わすれたほうがいいよ」

性暴力《せいぼうりょく》をなかったことにする、被害《ひがい》にあった人《ひと》の気持《きも》ちを無視《むし》するような言葉《ことば》です。

→

○

わすれたくても、わすれられない…

それまでの自分《じぶん》と同《おな》じではいられないほど、性被害《せいひがい》は大《おお》きなショックをあたえます。

×

「なんで？」「どうして？」

驚《おどろ》きや混乱《こんらん》の気持《きも》ちをそのまま伝《つた》えると、被害《ひがい》にあった人《ひと》は責《せ》められたように感《かん》じます。

→

○

被害者《ひがいしゃ》に理由《りゆう》はわからない

性暴力《せいぼうりょく》は加害者《かがいしゃ》が起《お》こした行為《こうい》。被害《ひがい》にあった人《ひと》を問《と》いつめ、責《せ》めるべきではありません。

まわりの
大人《おとな》の方《かた》へ

もし子《こ》どもが性暴力《せいぼうりょく》の被害《ひがい》にあったら

被害《ひがい》を知《し》ったときは、子《こ》どもをしかったり、自分《じぶん》を責《せ》めたりせず、まずは落《お》ち着《つ》いてください。

悪《わる》いのは加害者《かがいしゃ》だけ「あなたは悪《わる》くないよ」

子《こ》どもの性被害《せいひがい》は、大人《おとな》でもショックなことです。でも、被害《ひがい》を受《う》けた子《こ》にはなんの責任《せきにん》もありません。「あなたは悪《わる》くないよ」と心《こころ》から伝《つた》えてあげてください。性暴力《せいぼうりょく》は見《み》えない場所《ばしょ》で、被害者《ひがいしゃ》が断《ことわ》りにくい状況《じょうきょう》で起《お》きます。だから「断《ことわ》れなかった」「何《なに》をされているかわからなかった」と自分《じぶん》を責《せ》めてしまう子《こ》がとても多《おお》いのです。

被害《ひがい》を知《し》ったら専門機関《せんもんきかん》へ相談《そうだん》を

子《こ》どもの被害《ひがい》を知《し》ったとき、被害直後《ひがいちょくご》なら警察《けいさつ》に通報《つうほう》を、そうでなければ「#8891」の性被害《せいひがい》の電話相談窓口《でんわそうだんまどぐち》にかけるのがスムーズです(→21ページ)。また、親《おや》やきょうだいなど家族《かぞく》からの性暴力《せいぼうりょく》もあります。そうした場合《ばあい》は特《とく》に、家族《かぞく》だけで解決《かいけつ》できるものではありません。ためらわず児童相談所《じどうそうだんじょ》などの専門機関《せんもんきかん》へ相談《そうだん》しましょう。

回復《かいふく》に向《む》けて大切《たいせつ》なのは、子《こ》どもが安心感《あんしんかん》をもてるようになること。わすれさせるのではなく、よく話《はなし》を聴《き》いて、少《すこ》しずつ日常《にちじょう》にもどれるよう支《ささ》えましょう。もし、しばらくたっても心配《しんぱい》な状態《じょうたい》が続《つづ》く場合《ばあい》は、精神科《せいしんか》などでの心《こころ》のケアもあります。無理《むり》はせずまわりの助《たす》けをかりながらサポートしてください。

被害《ひがい》を受《う》けた子《こ》どもが見《み》せるサイン

言葉《ことば》にすることがむずかしい子《こ》どももいます。
まわりの大人《おとな》が気《き》をつけておきたい手《て》がかりの例《れい》です。

- 不眠《ふみん》
- ひとりでねられない
- おねしょ
- 落《お》ち着《つ》きがなくなる
- ものを壊《こわ》す
- 服《ふく》にかくれた部分《ぶぶん》に不自然《ふしぜん》な外傷《がいしょう》がある
- 体調不良《たいちょうふりょう》
- 性器《せいき》を痛《いた》がる、かゆがる
- 過剰《かじょう》に甘《あま》えようとする
- 元気《げんき》がない、ふさぎこむ
- リストカット(自傷行為《じしょうこうい》)
- 学力不振《がくりょくふしん》
- 性的《せいてき》な言動《げんどう》をしたり、自分《じぶん》や人《ひと》の性器《せいき》をさわる

話《はなし》を聴《き》くときに気《き》をつけること

子《こ》どもが打《う》ち明《あ》けてくれたときは「よく言《い》ってくれたね」と、
その勇気《ゆうき》をたたえ、ねぎらいましょう。

話《はな》してくれたことを受《う》け入《い》れ、いたわる

「このまま安心《あんしん》して打《う》ち明《あ》けられる」と思《おも》ってもらえるように、最初《さいしょ》の言葉《ことば》かけはとても大切《たいせつ》です。うたがったり、否定《ひてい》したりはせず、「話《はな》してくれてありがとう」と伝《つた》えてください。下《した》に紹介《しょうかい》しているのは、いい例《れい》と悪《わる》い例《れい》です。

こわい顔《かお》をしない

話《はなし》を聴《き》くことは大人《おとな》にとってもつらいことですが、聴《き》くときの表情《ひょうじょう》には気《き》をつけましょう。まゆをひそめるなど、大人《おとな》がこわい顔《かお》をしてしまうと、子《こ》どもは自分《じぶん》がおこられているような気持《きも》ちになり、話《はな》せなくなります。おだやかで落《お》ち着《つ》いた表情《ひょうじょう》を見《み》せましょう。

子《こ》どもに聞《き》きすぎない

最初《さいしょ》はだれに、何《なに》をされたかがわかれば十分《じゅうぶん》です。無理《むり》に聞《き》き出《だ》したり、くり返《かえ》し聞《き》いたりしてはいけません。記憶《きおく》の誘導《ゆうどう》や書《か》き換《か》えにつながることも。早《はや》めに支援《しえん》センターなどへ相談《そうだん》し、専門家《せんもんか》から聞《き》き取《と》ってもらいましょう。

気《き》をつけたい 子《こ》どもへの言葉《ことば》かけ

× なんですぐに言《い》わなかったの

× それですんでよかったね

× なんでそんなところにいたの

○ あなたはなにも悪《わる》くないから

○ 話《はな》してくれてありがとう

○ それはこわかったね よく話《はな》してくれたね

× ほんと？　うそでしょ!?（かんちがいじゃない?）

× 早《はや》く わすれなさい…

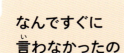

SOS《エスオーエス》

もし デジタル性被害《せいひがい》に あってしまったら

スマートフォンなどで撮影《さつえい》した性的《せいてき》な画像《がぞう》や動画《どうが》をインターネットで悪用《あくよう》される、デジタル性被害《せいひがい》が増《ふ》えています。

❶ しょうこの“スクショ”をとる

自分《じぶん》の性的《せいてき》な画像《がぞう》や動画《どうが》を無断《むだん》で撮影《さつえい》されたり、自《じ》どり画像《がぞう》をSNS《エスエヌエス》にアップされるなど、スマートフォンやネットを使《つか》った性被害《せいひがい》がデジタル性被害《せいひがい》です。加害者《かがいしゃ》からのメッセージ画面《がめん》はスクリーンショットで保存《ほぞん》してください。被害《ひがい》のしょうこになります。

❷ おどされてもお金《かね》は払《はら》わない

画像《がぞう》や動画《どうが》をもとにあなたをおどしたり、お金《かね》を要求《ようきゅう》してきたりする場合《ばあい》もあります。特《とく》にお金《かね》を目的《もくてき》とした加害《かがい》では、一度《いちど》でも払《はら》ってしまうと、何度《なんど》でも脅迫《きょうはく》を続《つづ》けてきます。もし払《はら》ってしまったとしても、そこでやめてすぐ❸へ。

❸ 警察《けいさつ》や支援先《しえんさき》に相談《そうだん》する

元彼《もとかれ》や元彼女《もとかのじょ》、親《おや》や親《おや》の交際相手《こうさいあいて》、学校《がっこう》の先生《せんせい》や習《なら》いごとの指導者《しどうしゃ》など加害者《かがいしゃ》が知《し》りあいの場合《ばあい》は、警察《けいさつ》への相談《そうだん》も有効《ゆうこう》です。また、ネット上《じょう》に拡散《かくさん》されてしまった画像《がぞう》を消《け》したい場合《ばあい》、あなたに代《か》わって削除《さくじょ》をかけあってくれる支援団体《しえんだんたい》があります(→39ページ)。匿名《とくめい》でも相談《そうだん》できます。

法律《ほうりつ》もあなたを守《まも》る

16歳未満《さいみまん》の子《こ》どもに対《たい》して性的《せいてき》な写真《しゃしん》をとったり、送《おく》れと要求《ようきゅう》することは原則《げんそく》として犯罪《はんざい》です(→2巻《かん》10～11ページ)。SNS《エスエヌエス》で知《し》りあった人《ひと》などからもし言《い》われたら、すぐに警察《けいさつ》に相談《そうだん》してください。自分《じぶん》でとったとしてもあなたは悪《わる》くありません。

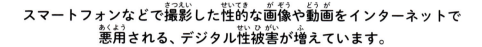

SOS《エスオーエス》

もし直接的《ちょくせつてき》な性被害《せいひがい》にあってしまったら

望《のぞ》まないセックスなどの、
相手《あいて》が直接体《ちょくせつからだ》にふれてくるような性被害《せいひがい》にあったときの対処法《たいしょほう》です。

❶ 安全《あんぜん》な場所《ばしょ》へ移動《いどう》する

　性暴力《せいぼうりょく》はどこでも起《お》きていて、たとえ身近《みぢか》な人《ひと》でも加害者《かがいしゃ》になることがあります。もし被害《ひがい》にあったり、危険《きけん》を感《かん》じたときは、すぐそこから離《はな》れるか、信頼《しんらい》できる人《ひと》に連絡《れんらく》してください。そして、自分《じぶん》の家《いえ》でも友《とも》だちの家《いえ》でも警察《けいさつ》でもいいので、安全《あんぜん》と思《おも》える場所《ばしょ》に行《い》きましょう。

❷ #8891《はやくワンストップ》（通話料無料《つうわりょうむりょう》）に電話《でんわ》する

　年齢《ねんれい》や性別《せいべつ》にかかわらずだれでも相談《そうだん》できる専門窓口《せんもんまどぐち》（性犯罪《せいはんざい》・性暴力被害者《せいぼうりょくひがいしゃ》のためのワンストップ支援《しえん》センター）です。「これって性暴力《せいぼうりょく》かも？」というときに電話《でんわ》をすれば、支援員《しえんいん》がいっしょに考《かんが》えてくれます。また、SNS《エスエヌエス》の相談窓口《そうだんまどぐち》もあります。

❸ なるべく体《からだ》はあらわないでおく

　すぐにでも体《からだ》をあらって、着《き》ていた服《ふく》をすてたいと思《おも》うかもしれません。でもそれは犯罪《はんざい》のしょうこを消《け》してしまうことになります。つらいことですが、トイレやシャワーをひかえ、そのままの服《ふく》でまずは❷への電話《でんわ》や病院《びょういん》や警察《けいさつ》に行《い》くようにしましょう。

❹ 病院《びょういん》へ行《い》く

　あなたの大切《たいせつ》な体《からだ》を守《まも》るために、できるだけ早《はや》く病院《びょういん》に行《い》ってください。被害《ひがい》から72時間以内《じかんいない》に薬《くすり※》を服用《ふくよう》することで、望《のぞ》まない妊娠《にんしん》を防《ふせ》ぐことができます。だれかにつきそってもらえると安心《あんしん》ですね。また、心細《こころぼそ》いときは❷の窓口《まどぐち》で相談《そうだん》すれば、支援員《しえんいん》にいっしょに行《い》ってもらうこともできます。

※緊急避妊薬《きんきゅうひにんやく》（アフターピル）は服用《ふくよう》が遅《おそ》くなるとそれだけ避妊効果《ひにんこうか》が下《さ》がるので、なるべく早《はや》く使《つか》いましょう。なお、100%の確率《かくりつ》で妊娠《にんしん》を防《ふせ》げるわけではありません。

だれもが声《こえ》をあげられる社会《しゃかい》に

　この本《ほん》でくり返《かえ》しお伝《つた》えしてきたとおり、望《のぞ》まない、同意《どうい》のないまま行《おこな》われる性的《せいてき》な行為《こうい》はすべて性暴力《せいぼうりょく》です。被害《ひがい》を受《う》けたあなたに責任《せきにん》はありません。

　しかし、現在《げんざい》の日本社会《にほんしゃかい》ではひとりひとりにその意識《いしき》が根《ね》づいているとはいえません。そして、被害《ひがい》を受《う》けた人《ひと》がケアを受《う》けられる仕組《しく》みづくりや、被害者《ひがいしゃ》の立場《たちば》に立《た》った法整備《ほうせいび》もまだ万全《ばんぜん》ではありません。

　その一方《いっぽう》で、そんな状況《じょうきょう》を少《すこ》しでもよくしようと活動《かつどう》してくれている人《ひと》たちが、あなたのすぐそばにいます。被害《ひがい》にあった人《ひと》の相談《そうだん》にのり、必要《ひつよう》な支援《しえん》につなげたり、法律《ほうりつ》の見直《みなお》しを国《くに》にはたらきかけたり、活動《かつどう》はさまざまです。目指《めざ》す先《さき》は、ひとりひとりの権利《けんり》が守《まも》られ、もっと声《こえ》をあげられる社会《しゃかい》。あなたは決《けっ》してひとりではありません。

性被害《せいひがい》にあっても生《い》きる希望《きぼう》をもてる社会《しゃかい》に

Spring《スプリング》

　性被害《せいひがい》の当事者《とうじしゃ》を中心《ちゅうしん》とする団体《だんたい》で、性被害《せいひがい》にあった人《ひと》が生《い》きやすい社会《しゃかい》の実現《じつげん》を目指《めざ》して2017年《ねん》に設立《せつりつ》されました。「性暴力《せいぼうりょく》が人生《じんせい》や社会《しゃかい》にどんな影響《えいきょう》をあたえるのか」を経験者自身《けいけんしゃじしん》の声《こえ》で伝《つた》え、性犯罪《せいはんざい》にまつわる法律《ほうりつ》の改正《かいせい》を国《くに》にうったえ続《つづ》けています。2023年《ねん》の刑法改正《けいほうかいせい》（→2巻《かん》8ページ）にも、Spring《スプリング》のアドボカシー活動《かつどう》※が大《おお》きく役立《やくだ》ちました。さらに、被害実態《ひがいじったい》についての調査研究《ちょうさけんきゅう》なども行《おこな》っています。

※声《こえ》をあげにくい当事者《とうじしゃ》に代《か》わって権利《けんり》をうったえたり、当事者《とうじしゃ》を支援《しえん》したりする活動《かつどう》。

MESSAGE

　声《こえ》をあげるのはこわいことです。でも声《こえ》をあげることで、周囲《しゅうい》はもちろん、社会《しゃかい》や政治《せいじ》は確実《かくじつ》に変《か》わってきました。わたしたちSpring《スプリング》のスタッフの多《おお》くが、かつて性被害《せいひがい》を受《う》けたサバイバーです。あなたが声《こえ》をあげたいと思《おも》ったとき、わたしたちはいつでもそばにいます。

PAPS
ぱっぷす

性的搾取《せいてきさくしゅ》に終止符《しゅうしふ》を打《う》つ

ぱっぷす

児童《じどう》ポルノやリベンジポルノ※などのデジタル性被害《せいひがい》になやむ人《ひと》たちや、アダルトビデオや性風俗産業《せいふうぞくさんぎょう》での性的《せいてき》搾取《さくしゅ》にさらされた人《ひと》たちの支援活動《しえんかつどう》を行《おこな》っています。電話《でんわ》やメール相談《そうだん》に加《くわ》え、ひとりで行《い》き場《ば》のない若《わか》い女性《じょせい》に居場所《いばしょ》を用意《ようい》したり、本人《ほんにん》に代《か》わってネット上《じょう》で拡散《かくさん》されてしまった性的《せいてき》な画像《がぞう》の削除要請《さくじょようせい》をしたり、被害者《ひがいしゃ》の自《じ》立《りつ》と回復《かいふく》につなげるためのさまざまなサポートをしています。

※元交際相手《もとこうさいあいて》のプライベートな画像《がぞう》を、ふくしゅうを目的《もくてき》にネット上《じょう》に公開《こうかい》すること。

MESSAGE

だれにも話《はな》せない…と感《かん》じたときこそ、だれかに打《う》ち明《あ》けるタイミングです。デジタル性被害《せいひがい》は年々《ねんねん》増《ふ》えています。「自分《じぶん》の性的《せいてき》な画《が》像《ぞう》がどこかに残《のこ》っているのではないか」という不安《ふあん》を少《すこ》しでも解消《かいしょう》できるように、わたしたちがサポートしますよ。

東京都《とうきょうと》での性暴力《せいぼうりょく》や性犯罪《せいはんざい》の電話相談《でんわそうだん》を24時間《じかん》受《う》けつける

性暴力救援《せいぼうりょくきゅうえん》センター・東京《とうきょう》（SARC《サーク》東京《とうきょう》）

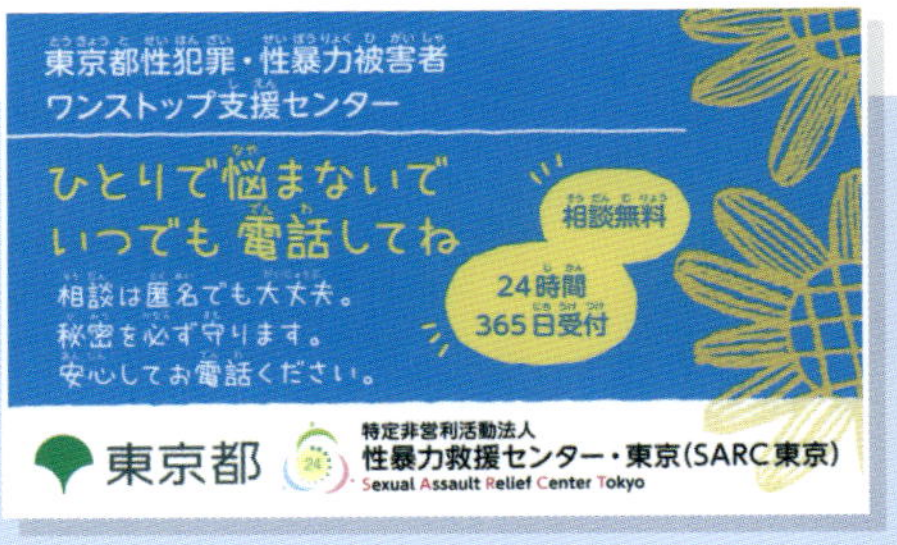

東京都《とうきょうと》で、性暴力《せいぼうりょく》や性犯罪《せいはんざい》の被害相《ひがいそう》談《だん》窓口《まどぐち》（ワンストップ支援《しえん》センター※）を運営《うんえい》する団体《だんたい》です。東京都《とうきょうと》と連携《れんけい》して24時間《じかん》365日相談《にちそうだん》を受《う》けつけています。SARC《サーク》東京《とうきょう》では、専門《せんもん》の支援員《しえんいん》が相《そう》談者《だんしゃ》に寄《よ》りそいながら、必要《ひつよう》な支援《しえん》につなげます。2023年《ねん》には子《こ》どもや保護《ほご》者専用《しゃせんよう》のホットラインも開設《かいせつ》しました。

※性犯罪《せいはんざい》・性暴力被害者《せいぼうりょくひがいしゃ》のためのワンストップ支援《しえん》センターは全都道府県《ぜんとどうふけん》に設置《せっち》されています（→38ページ）。

MESSAGE

「性暴力《せいぼうりょく》だったのかな？」とはっきりわからないときには、すぐ「#8891」に電話《でんわ》をしてきてください。SARC《サーク》東京《とうきょう》では年間《ねんかん》6000～7000件《けん》もの相談《そうだん》を受《う》けています。あなたもひとりでなやまないでください。わたしたちやわたしたちのなかまが味方《みかた》になります。

相談《そうだん》すること、声《こえ》をあげることは権利《けんり》なんだ！

EPILOGUE

おわりに――

性被害《せいひがい》はつらい経験《けいけん》です。でも、わたしたちには回復《かいふく》する力《ちから》が備《そな》わっています。

ワンストップ支援《しえん》センターの人《ひと》は親身《しんみ》になって話《はなし》を聞《き》いてくれた――
不安《ふあん》だったよね まずは病院《びょういん》に行《い》きましょう
はい…
はい…
おうちの人《ひと》には話《はな》せそう？ 無理《むり》なら言《い》わなくてもいいよ
親《おや》に話《はな》すかどうか わたしの気持《きも》ちを尊重《そんちょう》してくれた
後日《ごじつ》――
はじめまして 支援《しえん》センターの者《もの》です
病院《びょういん》にもいっしょに行《い》ってくれて わたしも母《はは》も安心《あんしん》した
数日後《すうじつご》――
よかった…！ 妊娠《にんしん》も性感染症《せいかんせんしょう》もなかった
いやなときは いやだって声《こえ》をあげよう！
わたしの心《こころ》と体《からだ》は わたしだけのものなんだ
かなは 悪くないよ

困《こま》ったら、まずは
話《はな》してみましょう

あなたを助《たす》けてくれる 相《そう》談《だん》窓《まど》口《ぐち》

いやなことや、SNS《エスエヌエス》などで困《こま》ったことが起《お》きたときに相談《そうだん》するのは当然《とうぜん》の権利《けんり》で、解決《かいけつ》につながる最初《さいしょ》の一歩《いっぽ》です。ここで紹介《しょうかい》している窓口《まどぐち》では、専門家《せんもんか》がやさしく相談《そうだん》にのってくれます。
ほかの人《ひと》に知《し》られたくないときは、そう伝《つた》えれば秘密《ひみつ》がもれることはありません。

※QR《キューアール》コードは、ウェブサイトのアドレスが変《か》わるなどで読《よ》みこめないことがあります。その場合《ばあい》は、名称《めいしょう》で検索《けんさく》してください。

性《せい》暴《ぼう》力《りょく》のなやみ

性犯罪《せいはんざい》・性暴力被害者《せいぼうりょくひがいしゃ》のためのワンストップ支援《しえん》センター（内閣府《ないかくふ》）	**TEL #8891《はやくワンストップ》** ※24時間対応《じかんたいおう》	近《ちか》くのワンストップ支援《しえん》センターにつながります。病院《びょういん》や警察《けいさつ》へのつきそい、カウンセリング、法律相談《ほうりつそうだん》など、性被害《せいひがい》に必要《ひつよう》な対応《たいおう》をすべて行《おこな》ってくれる施設《しせつ》です。
性犯罪被害相談電話《せいはんざいひがいそうだんでんわ》（警察庁《けいさつちょう》）	**TEL #8103《ハートさん》** ※24時間対応《じかんたいおう》	近《ちか》くの専門相談窓口《せんもんそうだんまどぐち》につながります。
Curetime《キュアタイム》（内閣府《ないかくふ》） **チャット・メールのみ**	https://curetime.jp/ ※午後《ごご》5～9時《じ》	デートDV《ディーブイ》などの性暴力《せいぼうりょく》のなやみを、匿名《とくめい》で相談《そうだん》できます。

被害《ひがい》を受《う》けたら
「110番《ばん》」
困《こま》ったときは
警察《けいさつ》に連絡《れんらく》しましょう

ちかんにあったとき、SNS《エスエヌエス》に写真《しゃしん》がさらされたとき、「いやだ、困《こま》った」と感《かん》じたときには、警察《けいさつ》に相談《そうだん》しましょう。「こんなことで相談《そうだん》していいの？」と思《おも》うようなことが、実《じつ》は大《おお》きな事件《じけん》だったりします。警察《けいさつ》では、どんなことでも親身《しんみ》になって解決《かいけつ》の道《みち》をさがしてくれるので心配《しんぱい》ありません。おまわりさんはこわくありません。思《おも》い切《き》って話《はな》してみましょう。

弁護士《べんごし》 上谷《かみたに》さくら先生《せんせい》

困《こま》ったこと・なやみごとなんでもOK《オーケー》

24時間子《じかんこ》どもSOS《エスオーエス》ダイヤル （文部科学省《もんぶかがくしょう》）	TEL 0120-0-78310《なやみいおう》 ※24時間対応《じかんたいおう》	暴力《ぼうりょく》やいじめのことなど、困《こま》ったことがあったら、なんでも相談《そうだん》できます。
チャイルドライン チャットでも	TEL 0120-99-7777 ※午後《ごご》4～9時《じ》 https://childline.or.jp/chat/	18歳《さい》までの子《こ》どもなら、だれでもなんでも相談《そうだん》できます。
子《こ》どもの人権《じんけん》110番《ばん》 （法務省《ほうむしょう》）	TEL 0120-007-110 ※午前《ごぜん》8時《じ》30分《ぷん》～午後《ごご》5時《じ》15分《ふん》 ※一部《いちぶ》のIP《アイピー》電話《でんわ》からは接続《せつぞく》できない	いじめやデートDV《ディーブイ》、ぎゃくたいなど、学校《がっこう》や家《いえ》でのなやみをなんでも相談《そうだん》できます。
児童相談所相談専用《じどうそうだんじょそうだんせんよう》ダイヤル	TEL 0120-189《いちはやく》-783《おなやみを》	親《おや》や先生《せんせい》からの暴力《ぼうりょく》やいじめのことなど、困《こま》ったことが起《お》きたときに助《たす》けてくれます。

インターネットやSNS《エスエヌエス》でのなやみ

特定非営利活動法人《とくていひえいりかつどうほうじん》 ぱっぷす	https://www.paps.jp/ ホームページから メールか電話《でんわ》で相談《そうだん》できる	ネットにさらされた画像《がぞう》や映像《えいぞう》の削除請求《さくじょせいきゅう》に取《と》り組《く》んでいる団体《だんたい》。セクストーション、性的《せいてき》な盗撮《とうさつ》、リベンジポルノなどの相談《そうだん》にのってくれます。
違法《いほう》・有害情報相談《ゆうがいじょうほうそうだん》センター （総務省《そうむしょう》）	https://ihaho.jp/ ホームページから メールで相談《そうだん》できる	ネットにさらされた写真《しゃしん》や情報《じょうほう》を消《け》したい、いやな書《か》きこみをされたなどのネットトラブル専門《せんもん》の窓口《まどぐち》です。主《おも》に相談者自身《そうだんしゃじしん》が削除依頼《さくじょいらい》する方法《ほうほう》などを教《おし》えてくれます。

監修

艮 香織　うしとら かおり

宇都宮大学共同教育学部准教授、一般社団法人“人間と性”教育研究協議会幹事。研究テーマは性教育、人権教育。著書に『人間と性の絵本』4巻、5巻（大月書店、2022年）、共編『実践　包括的性教育』（エイデル研究所、2022年）、『からだの権利教育入門幼児・学童編　生命の安全教育の課題を踏まえて』（子どもの未来社、2022年）など。

協　力………………一般社団法人 Spring

表紙イラスト……….佳奈
本文イラスト……….堀川直子
漫画イラスト……….ユリカ
デザイン……………株式会社モノクリ（神宮雄樹、荒牧洋子）
ＤＴＰ………………有限会社ゼスト
校　正………………齋藤のぞみ
編　集………………株式会社スリーシーズン
（奈田和子、土屋まり子、渡邉光里）

指導（五十音順）

遠藤 真紀子　えんどう まきこ

東京学芸大学附属世田谷中学校養護教諭。「生命の安全教育」では、講師に3名の専門家を招いた講演会を企画し、中学生とその保護者それぞれを対象に実施している。

早乙女 祥子　さおとめ しょうこ

一般社団法人 Spring 共同代表。性被害当事者が生きやすい社会の実現に向けて、当事者の声を政策決定の場に届けるロビイング活動や啓発などを行う。

杉浦 恵美子　すぎうら えみこ

東京学芸大学附属世田谷中学校スクールカウンセラー。公認心理師。臨床心理士。修士（心理学）。

NPO法人ぱっぷす

「性的搾取に終止符を打つ」ことを目指して活動する民間団体。デジタル性暴力やAV産業などで受けた困りごとの相談支援、拡散した性的画像を削除要請する活動などを行う。

山本 潤　やまもと じゅん

茨城県立医療大学保健医療学部看護学科助教。SANE（性暴力対応看護師）。一般社団法人 Spring の元代表理事。SANEの養成や、性被害者の支援者に向けた研修、サバイバーとしての講演活動などを行っている。

あなたの心と体を守る
性の知識 3 〜生命《いのち》の安全教育〜
つらいことがあったときに

発行　2025年4月　第1刷

監　修………………艮 香織
発行者………………加藤 裕樹
編　集………………小林 真理菜
発行所………………株式会社ポプラ社
〒141-8210　東京都品川区西五反田3-5-8
JR目黒MARCビル12階
ホームページ　www.poplar.co.jp（ポプラ社）
kodomottolab.poplar.co.jp（こどもっとラボ）
印刷・製本…………今井印刷株式会社

ISBN978-4-591-18498-1　N.D.C.368　39p　28cm

©POPLAR Publishing Co., Ltd.2025　Printed in Japan

落丁・乱丁本はお取り替えいたします。ホームページ（www.poplar.co.jp）のお問い合わせ一覧よりご連絡ください。
●本書のコピー、スキャン、デジタル化等の無断複製は著作権法上での例外を除き禁じられています。
●本書を代行業者等の第三者に依頼してスキャンやデジタル化することは、たとえ個人や家庭内での利用であっても著作権法上認められておりません。

P 7268003

あなたの心と体を守る

性の知識 全3巻

～生命の安全教育～

監修 艮 香織

1 自分を守るために大切なこと

2 加害者・被害者・傍観者にならないために

3 つらいことがあったときに

小学校高学年～中学生向き
セットN.D.C.368
A4変型判　オールカラー
各39ページ

図書館用特別堅牢製本図書

ポプラ社《しゃ》はチャイルドラインを応援《おうえん》しています

18さいまでの子《こ》どもがかけるでんわ
チャイルドライン®
0120-99-7777
毎日《まいにち》午後《ごご》4時《じ》～午後《ごご》9時《じ》 ※12/29～1/3はお休み
電話代はかかりません
携帯（スマホ）OK

18さいまでの子《こ》どもがかける子《こ》ども専用電話《せんようでんわ》です。
困《こま》っているとき、悩《なや》んでいるとき、うれしいとき、
なんとなく誰《だれ》かと話《はな》したいとき、かけてみてください。
お説教《せっきょう》はしません。ちょっと言《い》いにくいことでも
名前《なまえ》は言《い》わなくてもいいので、安心《あんしん》して話《はな》してください。
あなたの気持《きも》ちを大切《たいせつ》に、どんなことでもいっしょに考《かんが》えます。

チャット相談は
こちらから